MW00883507

NO

Temas

Devocional De Un Vencedor

31 Días De Fe Para Nunca Rendirse

Michael A. Santiago

GRACE
EDITORIAL & PUBLISHING

- PUERTO RICO -

©NO TEMAS, Michael A Santiago, 2024
Todos los derechos, reservados. Ninguna parte de esta publicación puede ser reproducida
sin el permiso escrito de Grace Editorial & Publishing.
ISBN: 9798884576414
Todos los versículos bíblicos fueron tomados de la RV1960, a menos que se indique
diferente.

Diseño Interior y Publicación:
Grace Editorial & Publishing
Grace.editorial.publishing@gmail.com

Presentado a:

_____

Por:

_____

Fecha:

_____

TABLA OF CONTENIDO

NO TEMAS

Dedicatoria

A la niña que con una mirada me volteó el mundo al revés y me ha mostrado un nivel de la gracia de Dios que nunca había conocido ni experimentado.
Keilly Marie Santiago, esto y todo lo que hago es para ti.
¡Te amo mi princesa!

A la mujer que soporta todas mis locuras, cree en mis sueños y es la primera inversora de ellos. Me has amado como nadie mas lo ha hecho. Gracias por ser el motor que mantiene en movimiento nuestra familia. Sin ti nada de esto seria posible. Te amo hasta la eternidad.

Agradecimientos

A todos los que un día creyeron en mi, invirtieron en mi y apoyaron algo en mi. Estaré siempre agradecido de todos y cada uno. Ustedes saben quienes son.

Introducción

Esforzaos y cobrad ánimo; no temáis, ni tengáis miedo de ellos, porque Jehová tu Dios es el que va contigo; no te dejará, ni te desamparará.
Deuteronomio 31:6

Hemos escuchado a lo largo de los años que la expresión "No Temas" puede ser encontrada unas trescientas sesenta y cinco veces en las Escrituras, y aunque parece muy atractivo el numero, y hasta algo místico por su cantidad de veces en comparación a la cantidad de días que tiene un año; lo cierto es que, ese numero siempre cambiará dependiendo de la reversión de la Biblia que tengamos a la mano, e incluso del idioma que leemos. Lo que sí es cierto, es que, sea que se encuentre unas trescientas sesenta y cinco veces o a penas unas cinco veces, el mensaje es igual de poderoso y significativo para todos los días de nuestra vida.

La frase "No Temas" es una invitación del Eterno a Sus hijos a que confíen en Su capacidad de cuidado sobre ellos. El llamado es uno que, no busca minimizar nuestras adversidades, pero sí maximizar nuestra imagen de Quien es El Dios al que servimos y creemos.

Este libro es una herramienta diaria, en el que encontrarás el recordatorio diario de Dios a que confíes en Él y no temas ante las amenazas y adversidades diarias.

Aquí hallarás 31 días de esfuerzo, aliento e inspiración para no rendirte ante los escenarios de presión, angustia, ansiedad y desesperanza.

De manera interactiva, no solo podrás recibir tu dosis diaria de fe, sino que también podrás escribir entre líneas lo que sientes, piensas, crees e incluso lo que tu mismo declaras en fe sobre tu vida.

Tómalo un día a la vez. Un verso a la vez. Una oración a la vez. Una declaración de fe a la vez. Desafíate a crear un espacio diario en el que puedas reanimarte con la Palabra de Dios y poner por practica y obra lo que aquí encontrarás y recibirás. Recuerda que lo que verás en tu vida NUNCA tendrá que ver con lo que por fe yo te pueda declarar, sino de lo que tu por fe te atrevas a creer y accionar.

Al acabar el devocional mensual, retómalo y reléelo, porque de seguro volverás a ser ministrado y edificado, y sin duda, lo que quizás en la primera lectura no te fue necesario en el momento, en tu segunda lectura se que lo encontrarás necesario y edificante. La Palabra de Dios siempre se hace nueva y fresca a nuestro espíritu con cada lectura.

Por ultimo, no lo prestes. Esta herramienta es una personal tuya. Es tu tesoro. Es tu manual. Es tu instrumento. Este utensilio de edificación personal es uno en el que tu corazón será derramado en forma de respuesta a cada pregunta hecha y contestada. Estas preguntas y respuestas son tu recordatorio diario del por qué sigues orando y por qué sigues creyendo.

Recuerda que, día a día Dios te invita a que confíes en Él y a que No Temas ante las tormentas de la vida. Si Dios está contigo, ¿quién contra ti? Lánzate y muévete en fe, confiando que Aquél que nunca ha perdido una batalla te ha hecho a ti mas que vencedor.

Bienvenido a un recorrido de fe, donde será fortalecida tu fe para no temer y nunca rendirte.

DÍA 1
ESFUERZO

Mira que te mando que te esfuerces y seas valiente; no temas ni desmayes, porque Jehová tu Dios estará contigo en dondequiera que vayas.
Josué 1:9

Dios suele usar los escenarios más violentos de nuestra historia como los catalizadores de llamados y propósitos. Él es experto convirtiendo las noches oscuras en obras de arte; desiertos en campos verdes y barro en vasijas portadoras de gloria. Y es justamente la manera en que Dios llama a Josué, tomándolo por desprevenido, calificándolo como aquél que el pueblo necesita para entrar a lo próximo, y lo único que espera de su parte es la fe y confianza para esforzarse y avanzar.

ORACIÓN
"Padre enséñame a confiar en Tu plan para mi vida, entendiendo que sólo por Cristo ya tengo mi victoria asegurada. Dame el carácter y la gracia para esforzarme en el avance de Tu llamado sobre mí."

DECLARACIÓN DE FE
Haré y alcanzaré todo lo que Dios en algún momento habló y estableció sobre mi vida. Seré quien aceptará el llamado y no huiré de él.

ESCRIBE AQUELLO EN LO QUE DEBES ESFORZARTE

_____

_____

_____

_____

_____

PREGUNTAS:
¿QUÉ TE INTIMIDA EN EL AVANCE DE TU ASIGNACIÓN?

_____

_____

_____

¿QUÉ HARÁS PARA ESFORZARTE Y AVANZAR EN TU LLAMADO?

_____

_____

_____

> *"El esfuerzo continuo, incansable y persistente ganarán."*
> *James Whitcomb Riley.*

DÍA 2
RECOMPENSA & PROTECCIÓN

Después de estas cosas vino la palabra de Jehová a Abram en visión, diciendo: No temas, Abram; yo soy tu escudo, y tu galardón será sobremanera grande.

Génesis 15:1

Es fácil creer sobre aquellas cosas que nos son comunes y ordinarias; sin embargo, el verdadero desafío está en *confiar* cuando lo que se nos pide es completamente distinto a lo que dominamos. La verdadera fe crece y se fortalece cuando en *obediencia* al llamado nos movemos, aún cuando lo que se nos pide no se entiende. Abraham es llamado a creer por lo que no ha visto y en recompensa a su fe, Dios promete no solamente bendecirle, sino también brindarle la protección en todo lo que hace. Él es el protector de todo aquel que cree en Él.

ORACIÓN

"Padre, se que muchas veces dudo y no entiendo aquellas cosas que pides de mí, pero enséñame a confiar a ciegas en lo que me pides, porque al hacerlo puedo disfrutar de tus tantas bendiciones sobre mi vida."

DECLARACIÓN DE FE

Cuando no entienda el plan, solo confiaré en Aquél que lo diseñó y descansaré en Su protección.

ESCRIBE ESAS BENDICIONES QUE RECIBISTE
ALGÚN DÍA COMO EL RESULTADO DE CREER

_____

_____

_____

_____

_____

PREGUNTAS:
¿EN QUÉ ÁREAS DE TU VIDA NECESITAS LA
PROTECCIÓN DE DIOS?

_____

_____

_____

¿CUÁLES SON AQUELLAS COSAS EN LAS QUE
DIOS TE PIDE QUE CONFÍES PORQUE ÉL
PROTEGERÁ DE TI?

_____

_____

_____

> *"Quien esté dispuesto a sacrificar su vida por Dios estará siempre bajo su protección."*
> Sunday Adelaja

DÍA 3
PACTO

Y se le apareció Jehová aquella noche, y le dijo: Yo soy el Dios de
Abraham tu padre; no temas, porque yo estoy contigo, y te
bendeciré, y multiplicaré tu descendencia por amor de Abraham
mi siervo.

Génesis 26:24

Dios tiene registro de absolutamente cada una de las
promesas que ha hecho, no solo directamente contigo, sino
también aquellas que fueron con quienes te antecedieron.
Hay personas que *hoy* siguen de pie gracias a las promesas
de cuidado y preservación que *ayer* Dios le hizo a una
madre o un abuelo que oraba, y aunque los años pudieron
haber pasado, e incluso, aunque haya fallecido aquel con
quien se pactó, la fidelidad de Dios le da continuidad a un
juramento.

ORACIÓN

"Abba, eres el Dios de pactos, y te agradezco por las
promesas que un día me hiciste, pero también te agradezco
por Tu fidelidad sobre aquel pacto que un día hiciste con
quien me antecedió. Se que aunque los tiempos han pasado,
sigues siendo fiel."

DECLARACIÓN DE FE

Soy el resultado de la fidelidad de Dios en la preservación y
cumplimiento de Su pacto sobre mi.

ENUMERA ESAS PROMESAS QUE HAS VISTO
CUMPLIRSE HASTA LA FECHA EN TU VIDA

_____

_____

_____

_____

_____

PREGUNTAS:
¿HAS SENTIDO Y VISTO LA FIDELIDAD DE DIOS
SOBRE TU VIDA AUN CUANDO NO HAS VIVIDO
EN ORDEN Y RECTITUD?

_____

_____

_____

¿CONOCES ALGUNA PROMESA QUE DIOS LE
HIZO A ALGÚN FAMILIAR SOBRE TU VIDA?

_____

_____

_____

> *"Lo tratado, es sagrado."*
> *Anónimo.*

DÍA 4

EVIDENCIA

Y él respondió: Ve, porque yo estaré contigo; y esto te será por señal de que yo te he enviado: cuando hayas sacado de Egipto al pueblo, serviréis a Dios sobre este monte.

Éxodo 3:12

Nada le brinda mayor autenticidad a un producto que los resultados como la evidencia de su efectividad, y de igual manera, la mayor demostración y prueba de un llamado sobre alguien es la presencia de Dios como señal. Esa manifestación que por sí sola abre puertas, derriba gigantes y da gracia para sostener y mantener lo que comenzó. La señal contundente de que el llamado de Moisés era genuino, era precisamente una gloria que arropaba todo lo que hacia. No cometas el error de tratar de hacer lo que solo Dios puede hacer. Él es Quien convence.

ORACIÓN

"Dios mío, solo te pido que Tu presencia sea la evidencia contundente e irrefutable de Tu llamado sobre mi vida. Que ella hable por sí misma, demostrando que respaldas a todo aquél al que comisionas"

DECLARACIÓN DE FE

No tengo que convencer a nadie de lo que solo Dios puede convencer. Él fue Quien me llamó.

MENCIONA CÓMO HAS VISTO A DIOS CONFIRMANDO TU LLAMADO EN TU VIDA

_____

_____

_____

_____

_____

PREGUNTAS:
¿QUÉ TE LLEVA A TRATAR DE DEMOSTRAR POR TI MISMO EL LLAMADO QUE HAS RECIBIDO?

_____

_____

_____

¿HAS SUFRIDO LAS CONSECUENCIAS DE LA VERGÜENZA AL TRATAR DE CONVENCER A OTROS DE LO QUE SOLO DIOS CONVENCE?

_____

_____

_____

> *"Dios es la evidencia invisible."*
> *Victor Hugo.*

DÍA 5

GARANTÍA

Y Jehová va delante de ti; él estará contigo, no te dejará, ni te desamparará; no temas ni te intimides.

Deuteronomio 31:8

¿Quién se atreve a hacerle frente al Dios que te llamó? Absolutamente nadie. Él es el León de Judá que con su rugir infunde temor y pánico en el corazón de aquellos que intentan desafiarlo y que amenazan tocar uno de los Suyos. Recuerda que le perteneces a Dios y todo aquel que quiera llegar a ti, primero debe pasarle por encima a Él... Imposible que pueda. Si Dios va delante de ti muévete, avanza y síguelo.

ORACIÓN

"Señor ayúdame a enfocarme en la garantía de Tu protección y cuidado sobre mi vida. Enséñame que no debo temer porque Tú vas delante de mis decisiones."

DECLARACIÓN DE FE

No voy a temer ni intimidarme ante gigantes cuando reconozca que Dios esta conmigo.

MENCIONES AQUELLO QUE PUEDE CONTRA
DIOS. TU LISTA QUEDARÁ VACÍA

_____
_____
_____
_____
_____

PREGUNTAS:
¿SABÍAS QUE SIEMPRE QUE CONFÍES EN TUS
CAPACIDADES Y NO EN DIOS TE SENTIRÁS
INTIMIDADO?

_____
_____
_____

¿RECUERDAS CÓMO LA PRESENCIA DE DIOS TE
HA GARANTIZADO TUS VICTORIAS?

_____
_____
_____

> "La fe es garantía de lo que se espera; la prueba de las
> realidades que no se ven."
> Pablo de Tarso.

DÍA 6
AYUDA

No temas, porque yo estoy contigo; no desmayes, porque yo soy tu Dios que te esfuerzo; siempre te ayudaré, siempre te sustentaré con la diestra de mi justicia.

Isaías 41:10

Nada brinda mayor paz y tranquilidad en nuestra travesía de vida que, saber que nuestra ayuda viene directamente del Eterno en cualquier circunstancia de vida. Él nos ha asegurado sustentarnos con las capacidades, fuerzas y habilidades necesarias para ser efectivos y exitosos en nuestra asignación… Así que pide ayuda, porque de seguro recibirás la mejor.

ORACIÓN

"Padre te doy gracias porque estoy convencido de que toda ayuda que necesito en mi caminar viene de ti. Me cuidas. Me proteges. Me guías. Eres mi Ayudador."

DECLARACIÓN DE FE

No tengo razón para detenerme o estancarme en mi vida si confío en la ayuda de Dios.

ENUMERA ESAS ÁREAS DE TU VIDA EN LA QUE NECESITAS LA AYUDA DE DIOS

_____

_____

_____

_____

_____

PREGUNTAS:
¿QUÉ TE HACE DUDAR DE LA AYUDA Y EL APOYO DE DIOS SOBRE TU VIDA?

_____

_____

_____

¿DE QUE MANERA CAMBIARÍAN TUS PENSAMIENTOS SI VERDADERAMENTE CONFIARAS EN LA AYUDA DE DIOS?

_____

_____

_____

> _"Si ayudo a una persona a tener esperanza, no habré vivido en vano."_
>
> _Martin Luther King._

DÍA 7
LIBERTAD

No temas delante de ellos, porque contigo estoy para librarte,
dice Jehová.
Jeremías 1:8

Hay plantes, estrategias, e incluso conspiraciones que a tus
espaldas han sido canceladas y frustradas por Dios
posiblemente nunca te enteraste porque Él es quien te libra
de tus enemigos y protege tu corazón. Confía y descansa en
la verdad de que El Eterno es un escudo alrededor de Dios
para que no temas cuando seas invitado a caminar y avanzar
en el cumplimiento de tu llamado.

ORACIÓN

"Señor te doy gracias por aquellas cosas de las que me
libraste aun cuando nunca me entere. Estoy convencido de
que cuidas de mí cuando lo siento, pero también cuando no
te siento. Eres mi libertador."

DECLARACIÓN DE FE

No voy a temer cuando me encuentre delante de mis enemigos
porque se Quien es el que va conmigo para protegerme.

ESCRIBE AQUELLO DE LO QUE DIOS TE LIBERTÓ QUE PROMETÍA DESTRUIRTE

_____

_____

_____

_____

_____

PREGUNTAS:
¿CÓMO HAS VISTO A DIOS PROTEGERTE DE CONSPIRACIONES SECRETAS?

_____

_____

_____

¿DE QUÉ MANERA HAS VISTO LOS PLANES DEL ENEMIGO EN TU CONTRA SER DESTRUIDOS DELANTE DE TI POR DIOS?

_____

_____

_____

> _"El que ha superado sus miedos será verdaderamente libre."_
> _Aristóteles._

DÍA 8
NO TE OLVIDÓ

*Y oyó Dios la voz del muchacho; y el ángel de Dios llamó a Agar
desde el cielo, y le dijo: ¿Qué tienes, Agar? No temas; porque
Dios ha oído la voz del muchacho en donde está.*
Génesis 21:17

Si hay algo en lo cual el enemigo es experto, es
precisamente engañándonos, haciendo creer que Dios nos
descuida y olvida, sin embargo, Dios está en los detalles. En
los momentos de mayor vulnerabilidad de nuestras vidas, Él
se inclina para escuchar nuestro clamor donde sea que nos
encontremos. Podemos encontrarnos como Ismael,
abandonado por su madre, pero visto y recordado por El
Eterno. Él no se olvidó de ti.

ORACIÓN

"Padre ayúdame a recordar que siempre estas pendiente y al
cuidado de mío. Tú no eres como los hombre que olvidan y
abandonan. Eres mi Padre y estas atento a mi necesidad."

DECLARACIÓN DE FE

*El mismo día y lugar en el que fui abandonado por los hombres,
fue el mismo lugar y día donde la mano de Dios me socorrió.*

ESCRIBE LAS DIFERENTES MANERAS EN LAS QUE HAS VISTO A DIOS CUIDAR DE TU VIDA

_____

_____

_____

_____

_____

PREGUNTAS:
¿CÓMO HAS VISTO A DIOS ATENDIENDO Y RESPONDIENDO A TU CLAMOR DE NECESIDAD?

_____

_____

_____

¿TE HAS SENTIDO ABANDONADO ALGUNA VEZ POR LA GENTE Y A LA MISMA VEZ RESCATADO POR DIOS? TESTIFICA

_____

_____

_____

> *"Nosotros recordamos, naturalmente, lo que nos interesa y porque nos interesa."*
> *John Dewey.*

DÍA 9

DESCANSO

En paz me acostaré, y asimismo dormiré; porque solo tú, Jehová, me haces vivir confiado.

Salmo 4:8

"¡Papá está aquí!" Estas son las palabras que le verbalizo a mi niña de dos años para brindarle seguridad y descanso cada vez que se escuchan ruidos fuertes, o algo parece asustarla. Tu Abba está presente para brindarte el cuidado y descanso que necesitas cuando los ruidos de la vida parecen ahogarte y angustiarte. Él te invita a que puedas descansar en Sus brazos en completa paz, porque ese es el lugar mas seguro para aquellos que confían en Él. Cerrar los ojos y descansar en Dios, es decirle "Confío en Tu cuidado sobre mi vida. Confío en Tu protección."

ORACIÓN

"Gracias Padre por la confianza y el descanso que me das, recordándome que estoy seguro en Tus brazos de amor."

DECLARACIÓN DE FE

En los brazos de mi Abba puedo descansar tranquilo.

ESCRIBE CÓMO TE SIENTES AL SABER QUE ESTAS EN LOS BRAZOS DE TU PADRE CELESTIAL

_____

_____

_____

_____

_____

PREGUNTAS:
¿HAS SENTIDO CÓMO LOS BRAZOS DE TU ABBA TE ARROPAN PARA PROTEGERTE?

_____

_____

_____

¿DESCANSAS EN PAZ SABIENDO QUE ESTAS EN EL LUGAR MAS SEGURO, QUE SON LOS BRAZOS DE DIOS?

_____

_____

_____

> *"El secreto para tener buena salud es que el cuerpo se agite y que la mente repose."*
>
> *Anónimo.*

DÍA 10
RETRIBUCIÓN

Decid a los de corazón apocado: Esforzaos, no temáis; he aquí que vuestro Dios viene con retribución, con pago; Dios mismo vendrá, y os salvará.
Isaías 35:4

Por oscuro que parezca ser el día de hoy, necesitas entender que este no es tu capítulo culminante. Tu historia no acabará en ruinas ni destrucción. Puede que hoy solo contemples tinieblas y dificultades, PERO vienen días en los cuales podrás disfrutar de tu retribución. Aquello que se te fue quitado se te será devuelto en abundantes multiplicaciones. Abre tus manos para que los puedas recibir. La garantía de Dios sobre tu vida es un tiempo de multiplicación y retribución.

ORACIÓN

"Señor ayúdame a trabajar con los días malos mientras me preparo para celebrar los días buenos. Enséñame que en ti nada queda como deuda ni perdido, sino que todo lo puedo recuperar."

DECLARACIÓN DE FE

El día puede estar lleno de tinieblas, pero confío y se que este no es mi final. Vienen días mejores.

MENCIONA AQUELLAS COSAS QUE EN PRUEBAS FUERON QUITADAS, PERO QUE EN BENDICIONES SE TE FUERON DEVUELTAS

_____

_____

_____

_____

_____

PREGUNTAS:
¿HAS VISTO A DIOS RECOMPENSAR TU ESFUERZO RETRIBUYÉNDOTE LO QUE SE TE FUE QUITADO?

_____

_____

_____

¿POR CUALES COSAS HOY PUEDES AGRADECER QUE DIOS TE DEVOLVIÓ MULTIPLICADO?

_____

_____

_____

> *"El precio es lo que pagas, el valor es lo que recibes."*
> *Warren Buffett.*

DÍA 11
CUIDADO

echando toda vuestra ansiedad sobre él, porque él tiene cuidado de vosotros.

1 Pedro 5:7

¿Te has encontrado alguna vez intentando llevar una carga que está fuera de tu capacidad y fuerza de resistencia y levantamiento? Pues así mismo es la ansiedad en nuestra vida. Ella es una carga que, llevándola a solas nos drena e impide movernos en avance. Pero que glorioso es saber que Jesús nos invita a que compartamos nuestra carga de ansiedad sobre Él, porque Él nos ayudará a sobre llevarla. Amado… No tienes por qué hacer esto solo. Descansa en el cuidado del Maestro que te quiere ayudar.

ORACIÓN

"Padre perdóname por las veces en que, creyendo que te molestaba, no descargué sobre ti mis ansiedades y preocupaciones. Ayúdame hoy a soltar en tus manos todo lo que esta fuera de mi capacidad de resistencia."

DECLARACIÓN DE FE

No tengo por qué estresarme ni angustiarme por las cosas que se escapan de mis manos. Se lo dejo a Dios.

ESCRIBE TODO LO QUE TE CARGA DE ANSIEDAD Y ENTRÉGASELO A DIOS AQUÍ

_____

_____

_____

_____

_____

PREGUNTAS:
¿DE QUÉ MANERA LA ANSIEDAD DETIENE TU AVANCE Y MOVIMIENTO?

_____

_____

_____

¿CÓMO LE ENTREGARÁS A DIOS ESA ANGUSTIA QUE TE OPRIME Y DEPRIME?

_____

_____

_____

"Me gozaré y me alegraré en tu amor inagotable, porque has visto mis dificultades y te preocupas por mi alma."
Rey David.

DÍA 12

SEMILLAS

Y aconteció, como había trabajo en su parto, que le dijo la partera: No temas, que también tendrás este hijo.

Génesis 35:17

Nadie aprecia ni ora tanto por la lluvia mas que aquellos que tienen una semilla bajo tierra. Unos piden que la lluvia se detenga porque no han sembrado nada, pero aquellos que oran por una cosecha piden por cielos abiertos y hay ocasiones en las que parece que la sequía acabará matando lo sembrado porque la lluvia tarda. Pero qué esperanza es esta la nuestra que, sabemos que Dios es Quien abre y cierra los cielos a nuestro favor y hoy nos garantiza que TAMBIÉN tendremos esta cosecha. Esta semilla germinará. Este fruto se dará. Este milagro lo disfrutarás.

ORACIÓN

"Padre Tú eres Quien abres y cierras los cielos y estoy convencido que todo lo que en Tu voluntad he sembrado como semilla germinará como bendición y recompensa."

DECLARACIÓN DE FE

Toda semilla que sembré depende de la bendición de Dios como lluvia sobre ella.

ESCRIBE EL NOMBRE DE LAS SEMILLAS QUE EN FE HAS SEMBRADO EN LA PRESENCIA DE DIOS

_____

_____

_____

_____

_____

PREGUNTAS:
¿QUÉ SEMILLAS HAS VISTO GERMINAR EN ORACIÓN?

_____

_____

_____

¿POR QUÉ DUDAS DEL CUIDADO DE DIOS SOBRE TUS SEMILLAS SI ÉL PROMETIÓ ENTREGARTE ESTA COSECHA?

_____

_____

_____

"Quien sabe lo que siembra no le teme a la cosecha."
Anónimo.

DÍA 13
AYUDADOR

de manera que podemos decir confiadamente: el Señor es mi
ayudador; no temeré lo que me pueda hacer el hombre.
Hebreos 13:6

Nadie puede tocar a quien Dios tiene en sus manos. No hay
poder en la tierra, ni poder en las tinieblas que te pueda
detener si tu confianza está puesta en las manos de Dios.
Entonces, si confiamos en la ayuda del Señor, podemos
avanzar y movernos en fe porque contamos con el respaldo
mas grande. Muévete. Confía. Dios te ayudará y nadie te
detendrá. Puedes caminar con la seguridad de que Dios no
le ha dado autorización a nada ni nadie que te detenga,
porque Él es Quien te ayuda a avanzar.

ORACIÓN
"Puedo descansar en que Tú me ayudaras en todo lo que
hago porque en Ti confío Padre. Eres Tú Quien hace huir
a mis enemigos delante de mí."

DECLARACIÓN DE FE
Si Dios es mi Ayudador, ¿cómo podré fracasar? Soy victorioso.

MENCIONA AQUELLO EN LO QUE HAS VISTO A DIOS AYUDARTE EN TU HISTORIA

_____

_____

_____

_____

_____

PREGUNTAS:
¿CÓMO HAS VISTO A DIOS AYUDARTE EN LO QUE HAS EMPRENDIDO?

_____

_____

_____

¿SI DIOS TE HA AYUDADO EN TODO HASTA AQUÍ, POR QUÉ PERMITES QUE LAS FUERZAS CONTRARIAS TE HAGAN PERDER LA FE?

_____

_____

_____

> *"Mientras Dios sea mi suelo, no habrá nadie que me derribe."*
> *Anónimo.*

DÍA 14
CRECIMIENTO

Y dijo: Yo soy Dios, el Dios de tu padre; no temas de descender a Egipto, porque allí yo haré de ti una gran nación.
Génesis 46:3

Saber en nombre de Quien salimos nos garantiza una llegada segura, porque en el nombre se esconde la reputación y esta, antecede, anuncia y certifica lo próximo que sucederá. Conocer que el Nombre de Dios es Su sello de autenticidad y garantía es comprender que, en lo que sea y a lo que sea que seamos llamados no podremos fracasar. Él tiene una reputación intachable, un historial perfecto y certificación de Todopoderoso. Quien te invita a salir, con tan solo mencionarte Su nombre, te está garantizando lo mejor de tu historia. En Su nombre está tu crecimiento aferrado.

ORACIÓN
"Eterno, nunca has fallado ni fracasado. Tu nombre me brinda la confianza de que veré todo lo que me prometes. En tu nombre esta mi crecimiento."

DECLARACIÓN DE FE
Confío en el Nombre del que NUNCA ha fracasado.

ESCRIBE LO QUE INSPIRA EN TI AL ESCUCHAR EL NOMBRE DE DIOS SER MENCIONADO

_____

_____

_____

_____

_____

PREGUNTAS:

¿CÓMO HAS CRECIDO EN LAS DIFERENTES ÁREAS DE TU VIDA AL TENER EL NOMBRE DE DIOS DELANTE DE TI?

_____

_____

_____

¿CREES QUE VERÍAS CRECIMIENTO EN TU VIDA SI CONFIARAS MÁS EN TUS CAPACIDADES QUE EN EL NOMBRE DE DIOS?

_____

_____

_____

> *"Si crecemos con los golpes de la vida dura, también podemos crecer con toques suaves el alma."*
>
> *Anónimo.*

DÍA 15
ALIANZAS

Y le dijo: No temas, pues no te hallará la mano de Saúl mi padre, y tú reinarás sobre Israel, y yo seré segundo después de ti; y aun Saúl mi padre así lo sabe.
1 Samuel 23:17

Hay corazones que han sido preservados por Dios para preservar el tuyo. Son esas alianzas divinas que Dios pone en nuestro caminar que, cuidan de nuestras espaldas y nombres de frente a las amenazas mas grandes. Hay corazones como el de Jonatán que, sin una onza de egoísmo, buscan el beneficio de otros, aunque esto signifique eliminarlos a ellos de la carrera. Su agenda no es una que busca lo suyo, sino lo de otros. Las alianzas divinas son aquellas en las que Dios nos conecta para llevarnos de lo presente a lo próximo. De lo grande a lo mayor. De lo bueno a lo mejor.

ORACIÓN
"Gracias Padre por aquellos con los que me rodeaste para protegerme. Cuidas de mi corazón a través de corazones que te aman a Ti primero."

DECLARACIÓN DE FE
Dios siempre me conectará con el corazón de un Jonatán para preservarme ante amenazas.

ESCRIBE LO QUE INSPIRA EN TI AL ESCUCHAR EL NOMBRE DE DIOS SER MENCIONADO

_____

_____

_____

_____

_____

PREGUNTAS:
¿CÓMO HAS CRECIDO EN LAS DIFERENTES ÁREAS DE TU VIDA AL TENER EL NOMBRE DE DIOS DELANTE DE TI?

_____

_____

_____

¿CREES QUE VERÍAS CRECIMIENTO EN TU VIDA SI CONFIARAS MÁS EN TUS CAPACIDADES QUE EN EL NOMBRE DE DIOS?

_____

_____

_____

> _"Los objetivos comunes forjan alianzas imposibles."_
> _Henry Cavill._

DÍA 16
ES ÉL

Pero en seguida Jesús les habló, diciendo: !!Tened ánimo; yo soy, no temáis!
Mateo 14:27

Somos azotados día a día por los vientos de tormentas mentales, huracanes emocionales y tempestades espirituales, y si nuestra confianza no está puesta en Quien calma los vientos y el mar, de seguro nos hundiremos. Fracasaremos sin caminar si no miramos al que venció, y Él es quien, parándose sobre todo lo que te atormenta te invita a que lo mires porque Él es quien tiene todo el poder para calmar tus tormentas. Él es quien calla los gritos y voces de aquello que quiere intimidarte. Él te invita a que lo mires a Él y sólo a Él.

ORACIÓN
"Enséñame a mirarte solo a Ti Señor cuando los vientos soplan y el mar me quiere hundir. Estás parado sobre todo aquello que intenta intimidarme."

DECLARACIÓN DE FE
Caminaré sobre las aguas de las tempestades solo con mirar a Jesús.

MENCIONA AQUELLAS TORMENTAS DE TU VIDA SOBRE LAS CUALES JESÚS HOY ESTÁ PARADO

_____

_____

_____

_____

_____

PREGUNTAS:
¿CÓMO HAS VISTO LAS TORMENTAS DE TU VIDA CALMARSE CON LA LLEGADA DE DIOS?

_____

_____

_____

¿CONFÍAS EN QUE UNA ORDEN QUE SALGA DE LA BOCA DE DIOS CALMARÁ Y CALLARÁ TUS TORMENTAS?

_____

_____

_____

> *"La mejor forma de saber si puedes confiar en alguien es confiar en ellos."*
>
> *Ernest Hemingway.*

DÍA 17
NUNCA MAS

Y Moisés dijo al pueblo: No temáis; estad firmes, y ved la salvación que Jehová hará hoy con vosotros; porque los egipcios que hoy habéis visto, nunca más para siempre los veréis.
Éxodo 14:13

Será definitivo. Será contundente. Será irrefutable. Lo que Dios hará a tu favor será tan decisivo que absolutamente nada de lo que hoy te detiene o intimida lo volverá a hacer. El Eterno está por colocarte como referente de conquista y victoria. Te mirarán y verán la señal de Dios sobre ti. Será la misma presencia de Dios la que hará huir de delante de ti a todo lo que ha oprimido la historia de tus generaciones.
Podrás mirar hacia atrás y compararlo con el presente, dándote cuenta de que el milagro que disfrutas hoy, nunca antes lo habías podido disfrutar.

ORACIÓN
"Padre, eres Tú Quien hace huir a mis enemigos. Con solo una mirada a mi favor, haces temblar a mis opresores. Confío en que nunca mas los volveré a ver."

DECLARACIÓN DE FE
Será tan concluyente lo que Dios hará en mi historia que, aquello que hoy me amenaza, nunca mas lo volveré a ver.

ESCRIBE EL NOMBRE DE AQUELLO QUE TE ANGUSTIABA Y OPRIMÍA, PERO QUE NUNCA MAS LO HARÁ

_____

_____

_____

_____

_____

PREGUNTAS:
¿DE QUÉ MANERA HAS VISTO A DIOS AHUYENTAR A TUS ENEMIGOS DE DELANTE DE TI?

_____

_____

_____

¿CREES QUE DIOS TE DEJARÁ COMO UN REFERENTE DE UN HIJO VICTORIOSO?

_____

_____

_____

> *"Estoy agradecido por todos aquellos los que me dijeron NO. Es gracias a ellos que estoy siendo yo mismo."*
> *Albert Einstein.*

DÍA 18
JUSTICIA

No temas, porque yo estoy contigo; no desmayes, porque yo soy tu Dios que te esfuerzo; siempre te ayudaré, siempre te sustentaré con la diestra de mi justicia.
Isaías 41:10

La justicia de Dios la vemos manifestarse cuando lo que somos en Dios y hacemos en Él es puesto ante las amenazas del enemigo. Cuando Dios ve que el enemigo ha parecido llevarnos al punto mas bajo, permitido por Dios con la intención de formarnos; de pronto vemos como Dios mismo nos refuerza y recuerda que no nos dejará sufrir mas allá de nuestra capacidad de resistencia. La justicia de Dios no le permite al infierno cruzar los limites que el Señor le trazó. ¡No lo pueden cruzar!

ORACIÓN
"Señor ayúdame a descansar en tus brazos reconociendo que no me dejarás sufrir mas de lo que puedo resistir."

DECLARACIÓN DE FE
Cuando Dios se pone de pie, todo lo que intentó violentar contra mi vida huye, retrocede y no vuelve.

ESCRIBE CÓMO HAS VISTO A DIOS TRAZARLE LIMITES AL ENEMIGO EN TU VIDA

_____

_____

_____

_____

_____

PREGUNTAS:
¿HAS SENTIDO ALGUNA VEZ COMO DIOS UTILIZA COMO HERRAMIENTA DE FORMACIÓN LAS MISMAS FUERZAS DEL ENEMIGO?

_____

_____

_____

¿CÓMO HAS SENTIDO EL CUIDADO DE DIOS EN AQUELLOS MOMENTOS QUE PARECÍA QUE TODO ACABABA?

_____

_____

_____

> "La justicia es la constante y perpetua voluntad de dar a cada uno su derecho."
>
> Justiniano.

DÍA 19
CONQUISTA

Mira, Jehová tu Dios te ha entregado la tierra; sube y toma posesión de ella, como Jehová el Dios de tus padres te ha dicho; no temas ni desmayes.
Deuteronomio 1:21

¡Entra y tómalo ya! Esa es la orden que te garantiza que tu conquista es segura. Esa es la orden que espera aquel que ha soñando con esto. Esa es la orden que con ansias aguardan los que han visto su nombre escrito en el titulo de propiedad de esa tierra llena de gigantes y murallas. Hay unos Caleb y otros Josué de la vida que no se intimidan por el tamaño de sus gigantes porque conocen que el final de su historia ya se contó. Ellos saben que al final DIOS SIEMPRE GANA, por lo cual ellos TAMBIÉN.

ORACIÓN
"Padre estoy listo para entrar y salir victorioso de esta asignación a la que me llamas. Me garantizas la victoria en la conquista, por lo que te creo y me lanzo si vas conmigo."

DECLARACIÓN DE FE
Nada ni nadie que no tenga su nombre escrito en el titulo de propiedad de mis promesas puede quedarse. Hoy lo echo fuera.

MENCIONA AQUELLOS GIGANTES POR NOMBRE QUE HOY SERÁN EXPULSADOS DE TU TIERRA

_____

_____

_____

_____

_____

PREGUNTAS:
¿QUÉ VAS A HACER ANTE LA AMENAZA DE GIGANTES EN TU TIERRA PROMETIDA?

_____

_____

_____

¿TIENES EL CARÁCTER PARA PERSISTIR EN TU CONQUISTA AUN CUANDO LOS ENEMIGOS TE DUPLICAN EN TAMAÑO?

_____

_____

_____

"Toda conquista comienza con la decisión de intentarlo."
Candidman.

DÍA 20
CREE SOLAMENTE

Pero Jesús, luego que oyó lo que se decía, dijo al principal de la sinagoga: No temas, cree solamente.
Marcos 5:36

Somos azotados día a día por los vientos de tormentas mentales, huracanes emocionales y tempestades espirituales, y si nuestra confianza no está puesta en Quien calma los vientos y el mar, de seguro nos hundiremos. Fracasaremos sin caminar si no miramos al que venció, y Él es quien, parándose sobre todo lo que te atormenta te invita a que lo mires porque Él es quien tiene todo el poder para calmar tus tormentas. Él es quien calla los gritos y voces de aquello que quiere intimidarte. Él te invita a que lo mires a Él y sólo a Él.

ORACIÓN
"Enséñame a mirarte solo a Ti Señor cuando los vientos soplan y el mar me quiere hundir. Estás parado sobre todo aquello que intenta intimidarme."

DECLARACIÓN DE FE
Caminaré sobre las aguas de las tempestades solo con mirar a Jesús

MENCIONA AQUELLAS TORMENTAS DE TU VIDA SOBRE LAS CUALES JESÚS HOY ESTÁ PARADO

_____

_____

_____

_____

_____

PREGUNTAS:
¿CÓMO HAS VISTO LAS TORMENTAS DE TU VIDA CALMARSE CON LA LLEGADA DE DIOS?

_____

_____

_____

¿CONFÍAS EN QUE UNA ORDEN QUE SALGA DE LA BOCA DE DIOS CALMARÁ Y CALLARÁ TUS TORMENTAS?

_____

_____

_____

> _"La fe consiste en creer algo cuando está más allá del poder de la razón."_
>
> _Voltaire._

DÍA 21
POR LOS TUYOS

Después miré, y me levanté y dije a los nobles y a los oficiales, y al resto del pueblo: No temáis delante de ellos; acordaos del Señor, grande y temible, y pelead por vuestros hermanos, por vuestros hijos y por vuestras hijas, por vuestras mujeres y por vuestras casas.
Nehemías 4:14

Dios nunca cargará los hombros de otros por aquello que te corresponde ti. Tu familia, tu casa y los tuyos cae sobre tus hombros, y a quien Dios esfuerza y alienta para que pelee por los suyos ES A TI. Eres tú quien debe ponerse de pie cuando nadie mas lo hace. Eres tu quien tendrá que esforzarse cuando nadie mas lo haga. Serás tu quien decidirá edificar y pelear por los tuyos. Nehemías necesita confrontar al pueblo con la verdad clara y contundente de que nadie mas hará por ellos lo que ellos mismos no harán por ellos ni los suyos. Por los tuyos lo tendrás que hacer.

ORACIÓN
"Señor ayúdame a entender la realidad de las amenazas que como familia vivimos y que Tu me llamas a levantarme."

DECLARACIÓN DE FE
Nadie mas hará por los míos lo que me toca a mi hacer.

MENCIONA LOS NOMBRES DE TUS FAMILIARES Y RECLÁMALOS PARA CRISTO

_____
_____
_____
_____
_____

PREGUNTAS:
¿CÓMO TE LEVANTARÁS PARA PELEAR POR TU FAMILIA?

_____
_____
_____

¿DE QUÉ MANERA EDIFICARÁS LOS MUROS DE TU FAMILIA Y CÓMO PELEARÁS POR ELLOS?

_____
_____
_____

> *"La familia no es una cosa importante, ¡lo es todo!"*
> *Michael J. Fox.*

DÍA 22
NO CALLES. NO PARES

Entonces el Señor dijo a Pablo en visión de noche: No temas,
sino habla, y no calles
Hechos 18:9

El desafío diario de nuestra vida es aquel que nos invita a
callar y detener aquello que fuimos llamados a hablar y
hacer. Muchos caen mudos y quietos ante las amenazas del
enemigo, porque creen como verdad las mentiras del
enemigo, pero ¿puede tocarte aquel que nunca recibió la
autorización de Dios para hacerlo. Negativo. Entonces,
¿por qué detenerte si Dios va contigo? No calles lo que has
visto. No calles lo que has experimentado. No pares de
hacer lo que debes hacer porque NO ESTAS SOLO.

ORACIÓN
"Ayúdame Padre a no intimidarme por aquello que hace
ruido pero que no me puede tocar. Ayúdame a hablar y
hacer lo que me corresponde de acuerdo a mi asignación."

DECLARACIÓN DE FE
No callaré lo que he visto, recibido y experimentado. Contaré las
grandezas del Señor.

ESCRIBE AQUELLAS COSAS QUE DIOS TE HA ENVIADO A HACER Y HABLAR

_____

_____

_____

_____

_____

PREGUNTAS:
¿SIENTES INSEGURIDAD AL HABLAR LO QUE SE TE PIDE QUE HABLES Y CÓMO LO ENFRENTAS PARA CUMPLIR TU LLAMADO?

_____

_____

_____

¿QUÉ HAS EXPERIMENTADO EN DIOS QUE EL ENEMIGO NO QUIERE QUE TESTIFIQUES?

_____

_____

_____

> _"La boca que te juzga JAMAS será más grande que la gloria de Dios que te respalda."_
> _Daniel Habif._

DÍA 23
ATENCIÓN A LOS DETALLES

Pues aun los cabellos de vuestra cabeza están todos contados. No temáis, pues; más valéis vosotros que muchos pajarillos.
Lucas 12:7

Dios está en los detalles. No solo en las cosas grandes. Él está en los detalles pequeños, en esas cosas que podemos considerar como insignificantes o irrelevantes. Dios es tan meticuloso en Su trabajo, que se aseguró en tener registro de absolutamente todas las cosas de tu vida, incluso la cantidad de cabellos en tu cabeza. Eso me habla de cuidado y atención sobre nuestras vidas. A veces nos afanamos por aquellas cosas que se escapan de nuestras manos, pero Dios tiene un compromiso tan exacto con nosotros, que se encarga hasta de los detalles mínimos de nuestra vida.

ORACIÓN
"Descanso en tu cuidado y atención a los detalles de mi vida. Enséñame a descansar sabiendo que nada se escapa de Tus manos."

DECLARACIÓN DE FE
No tengo por qué angustiarme ni estresarme por aquellas cosas que quedan en las manos de Dios.

MENCIONA AQUELLOS DETALLES QUE PUEDEN PARECER PEQUEÑOS, PERO QUE ESTÁN EN MANOS DE DIOS

_____

_____

_____

_____

_____

PREGUNTAS:

¿CUÁLES SON AQUELLAS COSAS PEQUEÑAS EN TU VIDA QUE HAS VISTO A DIOS OBRAR?

_____

_____

_____

¿DE QUÉ MANERA TE HAS ESTRESADO TRATANDO DE TRABAJAR EN ESAS COSAS QUE SOLO QUEDAN AL CUIDADO DE DIOS?

_____

_____

_____

> *"¡No hay pánico en el cielo! Dios no tiene problemas, solo planes."*
> *Corrie Ten Boom.*

DÍA 24
PELEO POR TI

No los temáis; porque Jehová vuestro Dios, él es el que pelea por vosotros.
Deuteronomio 3:22

Uno de los problemas mayores con los que muchas veces nos encontramos, es tratar de defender nuestra causa o dar la cara por aquello que hacemos, intentando defenderlo o justificarlo, olvidando que hay batallas que no nos compete pelear por nuestra parte. Hay personas tomando en sus manos batallas que no les corresponden. Hoy todos quieren hacer "guerra espiritual" y pelear con demonios, pero a ti no te toca esta pelea. Esta pelea ya tienes Quien la pelee y es Dios. Él es Quien da la cara por ti. Él es Quien pelea tus batallas. Él es Quien te garantiza tu victoria. Es por Él que eres mas que vencedor.

ORACIÓN
"Padre no voy a meter mis manos para pelear en aquello que solo Tu puedes vencer. Tú eres Quien peleas mis batallas."

DECLARACIÓN DE FE
¿Para qué tratar de pelear con aquél que ya fue vencido por Cristo en la cruz del calvario?

ESCRIBE EL NOMBRE DE LAS BATALLAS QUE YA DIOS HA PELEADO Y GANADO POR TI

_____

_____

_____

_____

_____

PREGUNTAS:
¿CONFÍAS EN QUE DIOS ES QUIEN PELEA POR TI Y POR TU CASA?

_____

_____

_____

¿CÓMO HAS VISTO A DIOS PELEAR POR TI Y ENTREGARTE VICTORIA ANTE LAS AMENAZAS DE TUS ENEMIGOS?

_____

_____

_____

> *"Hay batallas que requieren tu silencio… Dios pelea por ti."*
> *Siendo Luz.*

DÍA 25
ESCUDO

*Jehová es mi luz y mi salvación; ¿de quién temeré? Jehová es la
fortaleza de mi vida; ¿de quién he de atemorizarme?*
Salmo 27:1

Estamos rodeados. Estamos cuidados. Estamos protegidos.
Me parece ver al salmista en una ocasión de momento
observar a una gallina cuidando y escudando a sus polluelos
y de pronto sentir el calor del Espíritu, haciéndole entender
que, Dios es el Padre protector que arropa a sus hijos, de tal
manera en que nada ni nadie los puede dañar. Él está en el
negocio de escudar y proteger a todos los que Él llama
Suyos. De Sus manos NADIE los podrá arrebatar. Su
cuidado te fortalece y alienta.

ORACIÓN
"Padre confío en Tu cuidado y protección en mi vida. No
tengo nada que temer si Tu eres escudo alrededor de mí.
Me rodeas y me cuidas con Tu amor."

DECLARACIÓN DE FE
*Estoy rodeado por los brazos y el cuidado de mi Abba. Nada me
puede tocar.*

ESCRIBE CÓMO HAS VISTO A DIOS CUIDAR TU VIDA ANTE AMENAZAS

_____

_____

_____

_____

_____

PREGUNTAS:
¿CREES QUE DIOS RODEA TU VIDA? SI ES ASÍ, ENTONCES POR QUÉ PERMITES QUE EL TEMOR TE PARALICE?

_____

_____

_____

¿CÓMO HAS VISTO A DIOS COBIJARTE Y PROTEGERTE ANTE AMENAZAS REPENTINAS?

_____

_____

_____

> *"El Señor es mi fuerza y mi escudo; mi corazón en Él confía..."*
> *Rey David.*

DÍA 26
SON MÁS

El le dijo: No tengas miedo, porque más son los que están con nosotros que los que están con ellos.
2 Reyes 6:16

Si hay algo que infunde temor en el corazón de cualquier enemigo, es ver las masas del ejercito celestial ser enviados para darle respaldo a los hijos de Dios. Tienes de tu lado el soporte necesario para que no des pasos en falso ni pasos en retroceso. En tus códigos de formación, Dios nunca colocó órdenes de abandono ni rendición, porque el día en que el enemigo intentara intimidarte, Dios te recordaría que no te enviaron solo, sino acompañado. Hoy te recuerda que son MÁS los que hoy están contigo que los que están con ellos. ¡Vamos! Avanza porque ya tienes tu respaldo de tu lado.

ORACIÓN
"Señor ayúdame a ver que no estoy solo. Abre mis ojos para ver cómo has enviado a mi favor Tu ejercito para pelear a mi favor."

DECLARACIÓN DE FE
Son más... Son más... Son más... Lo repetiré hasta que crea que no ando solo. Son más... Son más... Son más…

ESCRIBE COMO TE SIENTES AL SABER QUE
CUENTAS CON EL RESPALDO DEL EJERCITO
CELESTIAL

_____
_____
_____
_____
_____

PREGUNTAS:
¿DE QUÉ MANERA HAS VISTO CÓMO LOS
ÁNGELES HAN SIDO ENVIADO POR DIOS A TU
FAVOR?

_____
_____
_____

¿SABÍAS QUE LOS ÁNGELES SON SERVIDORES?
ELLOS ESTÁN A DISPOSICIÓN DE LOS HIJOS DE
DIOS PARA AYUDARLOS

_____
_____
_____

> *"El que se arrodilla ante Dios, está de pie ante cualquier cosa."*
>
> *Anónimo.*

DÍA 27
PAZ

La paz os dejo, mi paz os doy; yo no os la doy como el mundo la da. No se turbe vuestro corazón, ni tenga miedo.
Juan 14:27

Que seguridad es esta que tenemos al saber que podemos descansar en el cuidado de nuestro Abba. Él es el Padre que cuida de sus hijos ante sus enemigos, pero también cuando se acuestan a descansar. No hay razón por la cual debamos acostarnos con temor si sabemos en Quien es que estamos confiando. Sólo Él nos brinda la paz como garantía y protección. No temo. No me intimido. Vivo en paz.

ORACIÓN
"Gracias Padre por la paz que solo Tú me puedes brindar. Se que puedo confiar en que cuidas de mi cuando descanso. No tengo por qué temer cuando la oscuridad de la noche llega."

DECLARACIÓN DE FE
Confío en Dios y por eso puedo disfrutar hoy de Su paz incomparable.

MENCIONA CÓMO HAS SENTIDO LA PAZ DE DIOS EN LAS NOCHES QUE EL ENEMIGO INTENTA ESTRESARTE

_____

_____

_____

_____

_____

PREGUNTAS:

¿HAS SENTIDO CÓMO LA PAZ DE DIOS TE HA ARROPADO CUANDO HAS CONFIADO EN DIOS?

_____

_____

_____

¿PUEDES CONOCER LA PAZ DE DIOS SI NO CONFÍAS EN ÉL? ¿DE QUÉ MANERA EXPRESAS TU CONFIANZA EN DIOS?

_____

_____

_____

"Paz no es la ausencia de la aflicción, mas bien la presencia de Dios."

Anónimo.

DÍA 28
RESTITUCIÓN

Y le dijo David: No tengas temor, porque yo a la verdad haré contigo misericordia por amor de Jonatán tu padre, y te devolveré todas las tierras de Saúl tu padre; y tú comerás siempre a mi mesa.
2 Samuel 9:7

Una de las mas grandes paradojas de la vida cristiana es que en Dios siempre ganamos, incluso cuando perdemos. Hay perdidas que traen recompensa y restitución a nuestra vida. Dios nos permite ser procesados para dar a conocer un producto interno que sea agradable para Él, y en ese proceso hay mucho que se entrega y "pierde", pero en la finalización de la fase de formación, todo lo que fue quitado es devuelto con creces, porque Dios no tiene interés con quedarse con aquello que Él diseñó y separó para nosotros. Cuando Dios acabe contigo, veras restituidas todas las cosas.

ORACIÓN
"Gracias Padre por lo que quitas y por lo que devuelves, porque no te sirvo por lo que tengo, sino porque te amo."

DECLARACIÓN DE FE
Dios sigue siendo bueno cuando me suma, al igual cuando me resta.

MENCIONA AQUELLAS COSAS QUE HAS VISTO SER RESTITUIDAS EN TU VIDA

_____

_____

_____

_____

_____

PREGUNTAS:
¿CÓMO CAMBIA TU ACTITUD AL SABER QUE GANAS CUANDO PIERDES?

_____

_____

_____

¿CONFÍAS EN QUE DIOS TRAERÁ DE VUELTA A TU VIDA AQUELLAS COSAS QUE EN EL PROCESO FUERON QUITADAS?

_____

_____

_____

> *"Dios promete restituir todo lo que han tratado de robar."*
> *Profeta Joel.*

DÍA 29
ACCIÓN DE GRACIAS

Por nada estéis afanosos, sino sean conocidas vuestras peticiones delante de Dios en toda oración y ruego, con acción de gracias.
Filipenses 4:6

Es muy fácil agradecer ante una lluvia de bendiciones, ¿pero cómo se agradece ante las adversidades de la vida? Una actitud de agradecimiento nos lleva a entender que nada está fuera del alcance de las manos de Dios y que Él está en control de nuestras vidas, y por eso podemos adorar y dar gracias cuando las cosas nos parecen favorables, pero también cuando las cosas nos parecen contraproducentes, porque incluso esas cosas son utilizadas por Dios para obren en nuestro bien. Acción de gracias es adorar sin afanarme, recordando que Dios está por mí.

ORACIÓN
"Padre te agradezco por lo que entiendo y por lo que no. Te agradezco por los días buenos como por los malos, porque se que nada se escapa de Tus manos."

DECLARACIÓN DE FE
Dios sigue siendo bueno en los días buenos como en los malos.

MENCIONA AQUELLO POR LO QUE HOY PUEDES
AGRADECERLE A DIOS

_____

_____

_____

_____

_____

PREGUNTAS:

¿QUÉ ACTITUD ASUMES ANTE DIOS CUANDO LAS
CIRCUNSTANCIAS NO PARECEN FAVORABLES EN
TU OPINIÓN?

_____

_____

_____

¿CREES QUE DIOS SIGUE SIENDO BUENO EN LOS
DÍAS MALOS, Y DESCANSAS EN ÉL PORQUE
CONFÍAS EN SU CUIDADO?

_____

_____

_____

> *"La gratitud se da cuando la memoria se almacena en el corazón y no en la mente."*
>
> *Lionel Hampton.*

DÍA 30
ACTITUD DE FE

Elías le dijo: No tengas temor; ve, haz como has dicho; pero hazme a mí primero de ello una pequeña torta cocida debajo de la ceniza, y tráemela; y después harás para ti y para tu hijo.
1 Reyes 17:13

Nuestra fe siempre será desafiada por una petición que confronta nuestro estado actual. "Toma tu lecho y anda." "Ve y preséntate ante los sacerdotes." "Lánzate en las aguas del Jordán." "Dame a mí primero." Una actitud de fe es atreverse a hacer aquello que era imposible de acuerdo a la capacidad presente. Una actitud de fe es creer que mi acción de confianza es una semilla que germinará en un milagro. Hay bendiciones que solo esperan a que te atrevas a hacer aquello que tu humanidad te dice que es imposible, pero que tu fe a gritos te declara que puedes hacer.

ORACIÓN
"Dios mío, confío en que todo lo que necesito está en Tus manos y solo esperas a que en fe yo vacíe las mías para recibir lo que me quieres entregar."

DECLARACIÓN DE FE
Si Dios lo dice yo lo creo, lo tengo y lo puedo hacer.

ESCRIBE AQUELLAS COSAS QUE DIOS TE HA
PEDIDO QUE EN FE HAGAS

_____

_____

_____

_____

_____

PREGUNTAS:
¿TIENES LA FE PARA ATREVERTE A HACER
AQUELLO QUE DIOS TE PIDE QUE HAGAS?

_____

_____

_____

¿CREES QUE LA FE ES COMO UNA SEMILLA QUE
SE SIEMBRA CON ACCIONES? ¿QUÉ HAS
SEMBRADO EN FE EN TU VIDA?

_____

_____

_____

> *"La fe no es una garantía de que todo estará bien; es la seguridad de que Dios tiene el control."*
>
> *Heather Zempel.*

DÍA 31
AMOR

En el amor no hay temor, sino que el perfecto amor echa fuera el temor
1 Juan 4:18

Una de las armas mas poderosas contra el temor es el amor. El amor es la confianza que expresamos en Aquél que nos llamó a cumplir con Su voluntad. Amar a Dios es descansar en Él. Amar a Dios es creerle a Él. No hay espacio en nuestras vidas para el temor cuando somos inundados por el amor de Aquel que ya venció y que nos hizo mas que vencedores. El amor es como un escudo que no permite que el temor toque nuestras vidas, porque nos recuerda que Dios cuida de Sus hijos, de tal forma en que sus pies no pueden tropezar ante mal.

ORACIÓN
"Padre, envuélveme en tus brazos e inúndame de Tu amor de tal forma en que huya el temor de mi vida, porque confío en Tu cuidado y protección."

DECLARACIÓN DE FE
Vivo arropado y cuidado por el amor del Padre

ESCRIBE DE QUÉ MANERA EL AMOR DE DIOS
AHUYENTA LAS TINIEBLAS DEL TEMOR

_____
_____
_____
_____
_____

PREGUNTAS:
¿CONFÍAS EN QUE EL AMOR DE ARROPA TU VIDA
PARA CUIDAR DE TI?

_____
_____
_____

¿CÓMO TE SIENTES AL SABER QUE EL AMOR DEL
PADRE ES COMO UNA BARRERA QUE NO
PERMITE QUE TUS ENEMIGOS TE TOQUEN?

_____
_____
_____

> *"He decidido apostar por el amor. El odio es una carga
> demasiado pesada para soportar."*
> *Martin Luther King.*

No Temas

Estoy convencido de que estás mas fuerte y firme hoy de lo que estabas ayer, gracias al cuidado del Padre que, diariamente te recuerda que, Él está presente en todos los escenarios de la vida. Él es todo lo que necesitas para nunca rendirte y nunca temer ante aquello que no tiene el poder de destruirte.

No temer y nunca rendirse es una cuestión de actitud de fe y decisiones firmes diarias, en las que, recibes el aliento de Dios, pero donde también actúas de acuerdo a lo que crees y declaras.

Gracias por nunca rendirte ni temer, porque eres la respuesta de Dios ante la necesidad de una generación que con urgencia necesita encontrar un referente de alguien victorioso, que, aunque adolorido, sigue de pie sostenido por la gracia de Aquél que lo llamó de las tinieblas a Su luz admirable.

¡No Temas!
- Michael Santiago

Acerca Del Autor

Michael Santiago es un escritor y emprendedor que desde su niñez ha enfrentado varios diagnósticos médicos, y con su mirada y fe puesta en el Señor Jesucristo se ha convertido en un referente de aquellos que no se permiten limitar por lo que limita a otros. Es el autor de los libros:

1. En Los Zapatos Del Evangelista -*Experiencias & Anécdotas Ministeriales*-
2. Toma Tu Lecho & Anda -*Es Una Actitud De Fe*-
3. Hágase Tu Voluntad -*Cuando Creerle A Dios Cuesta*-
4. Tu Puedes Hacerlo -*Consejos Para Lanzar Tu Propio Libro*-
5. Sedientos -*Es Una Especie De Cristianos Insaciables*-

Vive felizmente casado con su esposa Gene, con quien también tiene una princesa llamada Keilly.

Es el fundador de Grace Editorial & Publishing, ayudando a nuevos y viejos escritores a publicar sus libros. Mas de treinta libros han sido publicados bajo su sombrilla en diferentes partes del mundo.
Puedes encontrar más acerca de Michael Santiago en sus redes sociales; Facebook, Instagram y YouTube. Búscalo y síguelo. De seguro serás bendecido con el contenido que encuentres.

Para invitaciones:
michaelsantiagoministries@gmail.com

Esperamos que este libro haya sido de bendición y
edificación para su vida.
Para mas información de nuestro ministerio o comentarios
acerca de lo leído, escríbenos a la dirección que aparece
abajo.

GRACE
EDITORIAL & PUBLISHING

grace.editorial.publishing@gmail.com

En Los Zapatos Del Evangelista
"Experiencias & Anécdotas Ministeriales"

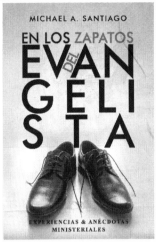

Todos tenemos un diseño, un llamado y un destino.
Seremos procesados de acuerdo al depósito que se nos
entregó. Cada desierto, prueba y dificultad tiene el
propósito de encaminarnos y capacitarnos para la tarea que
se nos encomendó. En este libro encontrarás las
experiencias vividas por el evangelista Michael Santiago a lo
largo de 10 años ministeriales.

Toma Tu Lecho & Anda
"Es Una Actitud De Fe"

Tu milagro es posible. Así como lo lees. Dios hará absolutamente todo lo que dijo y tus ojos lo verán. Desde la eternidad hablaron de tu milagro, pues ya tiene fecha de cumplimiento y tu enfermedad tiene fecha de caducidad. Solo tienes que CREERLO.

Hágase Tu Voluntad
"Cuando Creerle A Dios Cuesta"

La Voluntad de Dios es Su sueño revelado al corazón de aquellos que intiman con Él y procuran agradarle. Ella puede ser dolorosa, amarga, fuerte y desafiante, pero sobre TODO, siempre obrará para bien de aquellos que aman a Dios.

Tu Puedes Hacerlo
"Consejos Para Lanzar Tu Propio Libro"

Se dice que todos en su vida deben escribir al menos un solo libro. Observe que la palabra clave es DEBEN, pero ¿por qué debemos hacerlo? Porque es la mejor manera de transmitir y compartir una idea, y si te importa y es importante para ti, a lo mejor importe y le sea importante para alguien mas...

Sedientos
"Una Especie De Cristianos Insaciables"

Yo estoy orando a Dios por una sed insaciable para esta generación. Yo estoy orando al Padre por una pasión lo suficientemente poderosa que envuelva a quienes caminan detrás de nosotros para que no se conformen con lo que hemos visto o experimentado, sino que le busquen hasta ver algo nuevo. Hasta experimentar algo fresco. Hasta ser saciados.

Notas Adicionales

Notas Adicionales

_____

_____

_____

_____

_____

_____

_____

_____

_____

_____

_____

_____

_____

_____

_____

_____

_____

_____

_____

_____

_____

_____

_____

_____

_____

_____

_____

_____

Notas Adicionales

_____

_____

_____

_____

_____

_____

_____

_____

_____

_____

_____

_____

_____

_____

_____

_____

_____

_____

_____

_____

_____

_____

_____

_____

_____

_____

_____

_____

Made in the USA
Columbia, SC
09 July 2024

38287717R00050